Las botas de Mussolini

Esta obra ha sido apoyada por la Dirección General del Libro,
Archivos y Bibliotecas de Portugal (DGLAB) y el Instituto Camões.

El sueño de Europa es una colección dirigida por Lauren Mendinueta

Título original: *As botas de Mussolini*
© *Gonçalo M. Tavares, 2026*

© Traducción: Lauren Mendinueta, 2026

© *Editorial Difácil, 2026*
editorial.difacil@gmail.com
www.difacil.com
I.S.B.N.: 978-84-10363-24-3
Depósito Legal: VA 94-2026

Imprime: Imedisa / Impreso en España

GONÇALO M. TAVARES

Las botas de Mussolini

Traducción de Lauren Mendinueta

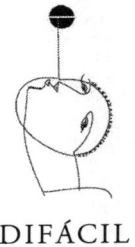

DIFÁCIL

breve nota

El libro *Las botas de Mussolini* inaugura una línea a la que he llamado Historia Fragmentada del Mundo, y este nombre describe el camino: saltos en el tiempo y en la frase.

Desde el *Diario de la peste*, libro esencial en mi trayectoria, me interesa, entre muchas otras cosas, esto: el entendimiento que surge del ritmo y del sonido del lenguaje frente a los acontecimientos.

Historia Fragmentada del Mundo

1. Noticias en el siglo XXI

Animales periódicos, diarios, que tienen apetito súbito
cuando la presa está débil,
hacen de la fotografía de un fracaso banquete
para la enorme panza de muchos sujetos con saliva en la boca.
Noticias con rostros atrapados en el descalabro
son vendidas en el mundo a peso y metro,
regla que mide en dólares y no en centímetros.

El dólar como medida internacional de la fotografía
y del espacio.
¿Cuántos dólares tienen este ancho y largo?
Una hipótesis: medir el espacio así, de forma literal.
En vez de regla de carpintero, billetes de 50 y 100,
unos frente a otros y apilados como soldados mudos;
y así se mide el espacio: ¿cuántos billetes
tendidos
al sol y a la sombra
hay en cada lugar y objeto del mundo?

2.

Anchura y longitud en dólares o euros, sí,
pero la altura, esa, viene en distancia a ese Dios
que no se sabe exactamente dónde está; una altura dudosa
y vacilante que oscila entre lo muchísimo
y lo muy poco.

Diferencia entre creyente y no creyente medida así:
en kilómetro concreto. Más cerca de Dios,
como si este fuese vecino, están los que no lo adoran
tanto.
Demasiado lejos o demasiado cerca turba la vista,
solo una distancia media entre el sujeto y el objeto adorado
puede aumentar el entusiasmo en el corazón.

3.

La mitad de la energía del Estado se va en resolver
                                    el problema,
la otra mitad en resolver la noticia.
Con dos bandos a los que atender, de igual importancia
                          y posición distinta,
queda el Estado confundido, sin fuerza o estrategia.
Cualquier buey o animal manso lo comprende:
imposible avanzar entero hacia dos lados
                                    opuestos.

4. Música en las trincheras

Demasiado italiano, decían al principio los nazis —
saludo con brazo extendido al estilo de la vieja Roma;
mano extendida, vuelta hacia la tierra, y el brazo en una diagonal
entre el avión en lo alto y el cuerpo que muerto yace en el suelo.

Manifestaciones en el siglo XXI en la televisión y en Europa
imitan el gesto del mal;
en 2020, los gestos no son solo propiedad de los cuerpos
sino también de la Historia. No solo los movimientos
que estrangulan un cuello o disparan son bélicos,
hay en los símbolos esa potencia de ocupar el día siguiente
de manera mansa, en posición de buen oyente,
o en anuncio agresivo de tierra por quemar.

En las trincheras de la Primera Guerra, en 1917,
la expectativa de los soldados y el aburrimiento nervioso
que existe antes de matar o morir
eran, claro, tiempo decisivo, y ahí,

por primera vez, el Estado puso en las trincheras
música; el entretenimiento vía radio y televisión tiene, en ese momento,
su *big bang*. A partir de aquí, incluso cinco minutos antes
de morirte o matar, pueden tus oídos encantarse
y quién sepa zapatear que avance; la mejor de las danzas
y la más bella fiesta podría ser la última.

Van entretenidos, no en sus barcos, sino en sus sofás
posicionados de modo poco combativo frente a la televisión,
ciudadanos de una Europa inundada
de documentales sobre el nuevo virus
       y la bella historia del futuro en blanco y negro;
y en sus trincheras sentados están cómodos en el cerebro
y en las áreas anexas más hacia abajo, mientras allá afuera
imitando gestos del Imperio de Roma y el III Reich
                                    avanzan sin siquiera un oh
por las avenidas y plazas de Europa y de las Américas; como
si la Historia anterior no existiese, y apenas el mundo
comenzase en serio su cronómetro cuando el pacífico ciudadano
                          enciende entretenido la televisión.

5.

Y parece que en Brasil apareció en el cielo un rayo y era enorme;
la luz natural más larga que vino de lo alto en los últimos tiempos.
Sin embargo, las señales más importantes en el siglo XXI no ven-

drán en la luz,

sino en un corte brusco de la claridad y la visión.

La gran señal está ahí: frente a lo evidente, nada entendemos;

la Historia está siendo encerrada en el cuarto oscuro

y tal vez será tarde cuando la dejemos salir,

demasiado tarde, para inventar

el fuego.

6. Turing y la manzana

Puede parecer una simple paralela de la realidad
                              urgente
pero de hecho fueron las matemáticas aplicadas las que
                              vencieron en la Segunda Guerra,
la 1ª quedó para la fuerza de los tanques y los hombres.

Turing, genio del detalle y de los números, levanta el
brazo ante la misión aliada: resolver el Enigma
                              alemán,
programa destinado a tornar críptico para el enemigo
        lo que para el amigo es claro.

Turing descubre en algunos años el hilo y no lo suelta.
Si entiendes lo que está escondido, entiendes la superficie;
un mecánico que opera con piezas del futuro
                              en un chasis antiguo.
Sale del almacén de Turing una nueva inteligencia
                    sin materia:

el código enemigo al desnudo, sólo falta decir dónde
el bombardero amigo debe esperar la estrategia nazi
                    del día siguiente.

En el terreno, mientras tanto, el peso y los muertos cambian
                                        [rápidamente
                    de lado;
inclinada hacia los Aliados va ya sin desvíos
esa segunda fuerza de gravedad que existe
                            en la guerra.

Turing será castigado más tarde por la lupa paranoica
que detecta el hilo de las malas costumbres en las costumbres
                            ajenas;
se suicida en el Reino Unido, con la mayor calma posible y
                                        cianuro;
enterrado aún por exceso de inteligencia y demasiadas
                            deudas.

7.
Turing, también atleta.
Sesenta km, entre la casa y un búnker militar secreto,
en Bletchley Park, los atravesaba a paso
                    ritmado
de matemático, como si los números fuesen,
en intervalos constantes, de la cabeza a sus pies,

y el organismo fuese un puro y estable receptor del
ritmo mental.
Pierde cantidad y fuerza, la fricción, cuando entre
el suelo y la prisa se negocia, sin palabra
ni números,
una nueva forma de deslizar el pie sobre las cosas.

Participó en las eliminatorias de las Olimpiadas de 1948,
corría el maratón en 2 horas 46 minutos.
Una lesión, la falta de paciencia y esa obsesión
por la inteligencia que prescinde del cambio mecánico
de la posición de los pies
lo pusieron a dar vueltas en círculo alrededor de cálculos
y máquinas.

Tal vez Turing quisiese regresar al mito de Adán y Eva
y a la historia de cualquier bella durmiente.
O la manzana que desde lo alto despertó a Newton a la claridad
fuese una obsesión de la ciencia moderna
y en ella Turing encontrase salida y símbolo;
lo cierto fue esto y está en la Historia:
una manzana envenenada, empapada en cianuro
eficaz y doméstico,
decretó el final suicida del sujeto que, en el momento
exacto y urgente,
inventó la eureka decisiva en pleno territorio del mal.

8. Robespierre, el dedo índice

Septiembre, 1793, han pasado más de 200 años,
la Revolución Francesa comienza su
                              Periodo de Terror.
Los días colocados a la fuerza bajo la lumbre.

Entre el 5 de septiembre de 1793 y el 27 de julio del 94:
una temperatura en París, y alrededores, muy por encima
                              de la media.
Tiempo en modo de isla. Bien diferentes aquellos
                              meses
de los meses anteriores y de los posteriores, isla rodeada de fuego
                    por todas partes, y no de agua.

La Bastilla en llamas ilumina algunos siglos, dicen
                              algunos;
pero ¿pueden los incendios servir para hacer de las noches
lugares futuros más frecuentables y libres?,
                              preguntan otros.

9.

Siempre se puede incendiar una ciudad como Roma
para iluminar de rojo la noche de los animales del
bosque,
pero tal vez primero haya que preguntar a esos bichos lo que
pretenden,
si un día artificial y caliente, si la noche natural y fría;
y preguntar a los constructores e ingenieros
cuánto tiempo demora la construcción de una casa;
observar entonces el muy diferente esfuerzo visible
entre aquellos que hacen durante años aquello que
sube y en lo alto del tiempo se mantiene
y aquel que solo, y con un toque, en un instante
hace caer las cosas
o las quema.

10.

Todo lo vivo es, en ciertos días,
posible traidor; respira, piensa, puede por eso pensar
vuelto hacia otro lado.
Una forma de fe, esta:
ninguna bella revolución avanza sin ser a lo bestia
y sin millares de pies en coreografía de ciegos,
sordos y mudos portátiles con el mismo
ritmo e igual inclinación.

De aquí para allá van los Muchos
cuando abdican del uno como unidad
                    y referencia principal.
Puede dividirse, entonces, la Historia, quién sabe,
                    en dos pronombres.
Los periodos históricos esenciales avanzan
con la primera y mínima persona del plural,
los otros con la primera persona del singular
          en el centro.
División apresurada, quizás.
La Historia no es tan simple
como la simple conjugación de un verbo en una
                    frase;
ni sólo de gramática y sintaxis se hacen
          las palabras de orden de los tiempos atribulados.

Con Robespierre en prisión termina el terror.

Robespierre tiene un dedo que apunta fácilmente;
ese modo emperador de señalar, alrededor del
                    otro,
un trazo, invisible en el aire pero potente y con efecto
                    práctico inmediato.

Danton, uno de los que comenzó la revolución,
murió así. Antes de la cuchilla, un trazo de Robespierre

para subrayar su nombre. Lo mucho que un dedo puede
cuando por aliado tiene muchas manos
y una ley en estado de máximo cambio
                              y rabia.

Pero he aquí lo que digo: tal como se analiza cerebros
                              después de muertos,
que la ciencia del siglo XXI analice
el dedo índice de Robespierre,
para ver lo que allá dentro existe y grita,
y si algo de estructural y diferente tenían o tienen
la falange, falangina y falangeta
      del primer emperador de la revolución.

He aquí lo evidente: lo humano que en días decisivos
              no pone su voz
en tono de eco sin ninguna señal de palabra propia
              o cerebro individual,
desafina; y la guillotina está hecha (y afilada) para
                              los desafinados.
Tom Jobim no escaparía; ni muchos cantantes
que improvisan en fiestas familiares de oídos
                    sentados y duros.

Hasta la Revolución Francesa cortó cabezas excelentes,
ninguna novedad, pues, pero siempre es bueno poner

                                              también
en el día de hoy lo que no es nuevo.

Cestos llevados por la bella plaza ancha anuncian
esas cabezas ya sin do-re-mi posible, cabezas
separadas de la voluntad que no viene de ellas
ni de los pies que ya no están allí,
pero sí de esas masas tan diferentes
reunidas en cuerpo humano vivo.

¿Qué trazos comunes existen entre una pierna estrecha
y un cráneo ancho o las caderas del bípedo? Un cuerpo
casi homogéneo como el de la serpiente por lo menos no
                                              parece
una reunión desajustada en forma y
                    funcionalidades,
como la implosión de un ADN demente y sin
razonamiento geométrico evidente.

Porque en un cuerpo separado de la cabeza
todo queda claro en la idea, a pesar de lo muy rojo
de la sangre: ni la cabeza funciona a solas,
ni el resto del cuerpo se mueve como antes,
pierden los dos por dejar ambos de ser uno.

La voluntad no está encima ni abajo,
ni en el corazón, ni en el cerebro, ni en los pies ansiosos
ni en la mano hábil, la voluntad está entera en la reunión
de esas formas inusuales hechas al nacer. Dos trazos
estrechos unidos a la cadera y al tronco ancho, con dos
extensiones, una para cada lado, y una gran inflamación
allá encima de volumen sorprendente, esa cabezota
que tanto descubre argumentos excelentes
como manda excelentes cabezas para cestos pasivos
que funcionarios públicos transportan de allí rápidamente
para impedir que espectadores alucinados
puedan oír peligrosas palabras de protesta de esa cabeza,
por un instante —y después para siempre— literalmente a
a solas en el mundo.

Para dónde van —en la revolución francesa o en otra—
las cabezas de los desafinados, de los torpes de pies y
ritmo
que, cuando el líder dice al frente, avanzan
pero como borrachos al fin por desvío individual
o como ciegos sin ningunas guía en nuevo bosque?

¿Y qué importan al fin y al cabo media docena de cabezas,
si la Historia, desde el primer bípedo hasta el siglo
presente,
como una masa concreta, es transportada de un punto atrás

a un punto más adelante
por una multitud de brazos fuertes
como el mapa claro del progreso bien inscrito en la
mollera?

11. La mano del joven Hitler

La mano del joven Hitler pinta una acuarela.
Más tarde dirá: fui el mejor alumno;
los otros pintaban una realidad menor, podría
                              haber dicho.

El dibujo como clarividencia:
solo dibuja de forma clara quien ve sin
                              perturbaciones.
Ver sin desviar la mirada, esa obsesión del
                              pintor
desprovisto de empatía —esa cualidad que
viene precisamente de lo lateral,
del presentimiento y la evidencia de que hay
                    muchas cosas al margen
              y más allá de mis zapatos.
Pero allí, en él, la visión atraviesa lo que está enfrente,
como si la óptica egoísta fuese un ojo ciego
                    para el contexto.

Pinta en las pausas del ejército alemán, 1914,

Primera Guerra.

12.

El gesto de poner color y perspectiva en edificios

y paisajes, Hitler.

Faltan cabezas en los cuadros, dicen los profesores

que más tarde, sin piedad, lo reprueban.

Examen en Viena.

No entra en la escuela de arte, vaga con

resentimiento

alrededor de la tela,

un mapa blanco por rellenar de carreteras —

he ahí los trazos.

Y he ahí los puntos: señalan ciudades

o casas para dormir.

Todo es punto, línea y plano, escribió Kandinsky.

Todo es en verdad mapa, todo el dibujo orienta

a quien lo hace. Norte, Sur, Este, Oeste y Yo, cinco

coordenadas, por lo tanto.

El autorretrato como ejemplo definitivo. Te miras

y de súbito entiendes lo esencial. Autorretrato

para cambiar de vida; para cambiar la dirección del

tren.

Me bajo en la siguiente estación, me dirijo al tablero de los

destinos

y escojo al azar el nombre de la ciudad
donde quiero vivir.

Antes de la invención del espejo,
el dibujo que se dibuja a sí mismo.

13.
El hecho: casi no hay figuras humanas
en los lienzos adolescentes de Hitler.

Un Freud presuroso pondría de inmediato fin
y principio a la conversación y al resultado —
causa ligada a un efecto, con un nudo mal hecho
de scout aprendiz.
Pero no: entre dos acontecimientos hay siempre demasiado
suelo posible.

Academia de Viena, es necesario regresar a ella.
Impone respeto la fachada como un rostro firme y
viejo.
Puertas exigen la mano completa y un esfuerzo medio
pero nunca descuidado.

14.
La ambición de hacer un nuevo dibujo de Europa.
Antes del nuevo trazo, el rasgo en forma de explosivo

que apaga lo que ya existe.
Bombardeos como modo de eliminar desde
arriba.
Convertir la estructura en ruinas;
y las ruinas en trabajo para el futuro.
Arrasar una ciudad y crear en el mismo espacio
nuevos trazos;
proyecto de urbanismo, diseño y destrucción.

Muchos dibujos de Hitler se perdieron,
¿quién los tiene?
Tal vez el fuego y su gula — que destruye
todo lo que posee.

15. Joseph L. Greenstein — metal e información

Saltimbanqui, Joseph L. Greenstein
vagó por las ferias americanas del siglo XX,
dominando y doblando el metal,
quebrando cadenas con los dientes y hablando
    al material compacto del mundo
como si, además de oídos, este tuviese entendimiento
      y tendencia a obedecer.

Soy un hombre, tú eres apenas metal, decía
                Greenstein.
Después de domar con la palabra la barra de hierro,
la doblaba brutalmente con las manos,
como si apretase cualquier pescuezo odiado.
En su rostro la rabia evidente de quien
        en el mundo
    no acepta las antiguas cualidades de la materia.

Sólo lo que no ocupa espacio no puede ser doblado.
Y en este particular la información tiene cualidades
                                                extras:
puedes doblar un periódico en dos
o cortarlo en pedacitos con una tijera;
puedes partir con la cabeza, en cuatro pedazos casi
                                iguales,
una pantalla de las más modernas, pero jamás un nuevo
                                Greenstein
podrá quebrar en dos la información o una noticia.

El siglo XXI en el fondo es esto: hay mucho más
material invencible circulando por el mundo.
Imposible de ser doblado y
que no puede ser destruido por dinamita reciente
        o agua antigua.

Una noticia no está en la tierra, en el mar o en el fuego,
ni siquiera está vacía y distraída en el aire;
no es un elemento invisible;
es incluso más pequeña o tenue que aquello que
                                no se ve.
Pero es allí donde se ganan guerras y elecciones,
    ahí precisamente, en ese 5° elemento moderno.

16. Fuego en Tokio

Fuego en 1923, Tokio, Japón, terremoto a la hora
        de la comida,
   explosiones en cada rincón de la ciudad y
        de la casa.
Uno de los más grandes incendios del siglo.
142 mil personas; nada en un cuerpo está hecho para
   el frío excesivo o para el simple fuego,
lo humano nace para alejarse de los extremos
como un fulano bípedo, funambulista,
en esa cuerda estrecha de los días
   en que está vivo
y exige apenas un mínimo mendrugo de alegría y
        placer.

17. Malcolm X — calibres 38 y 45

En la platea escuchan a Malcolm X gritar palabras moderadas
y susurrar deseos extremos. Sillas incómodas,
hechas de material barato y mal elegido, distribuidas
   por el espacio; hombres anchos y grandes
                son expulsados
con sutileza
        por la materia impávida del auditorio,
como si la silla dijese por su forma y roce
que el humano de tronco alto, y de espalda fuerte
            y manos grandes,
debe salir a la calle y actuar, y jamás permanecer apático
escuchando pasivamente. Sala repleta
de negros preparados para cambiar el color del territorio,
                     1955,
día como los anteriores, pero distinto a los siguientes.

Bailaba bien, era elegante y espigado, cabello
         rojo,

vendió droga, asaltó casas, fue arrestado,
en la primera parte de la vida termino preso.
Una pirueta religiosa, segunda parte,
lee mucho y se convierte al islamismo,
    Malcolm X sale endurecido pero otro;
critica a «los de cuerpo negro y cabeza blanca»;
exige la unidad, de los zapatos al pelo:
todo sin coloración o palabra falsa.
Hace tiempo que se quitó el rojo pintado de la cabeza;
la violencia aún recupera, y a tiempo,
                      otro futuro.

Es necesario poner otro color en los espacios centrales;
una manera casi química de ver el asunto: ciertas
salas muy decisivas son monocromáticas
como el célebre cuadro blanco de Malevich, cuadro
tan abstracto como un color concreto y la madera del
                    marco pueden serlo.
Malcolm X declara frente al auditorio,
                sin llamar a la puerta,
que el negro fuerte avance sobre el mundo blanco .

Malcolm X está ahí en la historia; pero quizás ahora o mañana
aparezca por ahí cierto Malcolm Y, un símbolo en el nombre,
que todo lo apueste en la acciones verticales. Un eje
que del suelo al cielo recorra un camino medio

entre quien derriba la puerta y quien el timbre
                                          toca,
ingenuo y sereno, esperando el tiempo necesario
                      para que la puerta se deshaga.

Dieciséis balas disparadas por hermanos religiosos,
calibre 38 y 45, medidas que podrían ser de zapatos
pero son del tamaño de la potencia de la muerte;
en el corazón de X aciertan muchas de ellas
                      y una sola suele bastar.

18. La voz del emperador Hirohito

La voz del emperador Hirohito escuchada vía radio;
                                    por primera vez.
Rendición: 15 de agosto de 1945, mediodía,
«Transmisión de la Voz de la Joya»,
             así fue llamada.
Antes de esta transmisión solo familiares próximos
                y subordinados directos
permanecían rígidos de la nuca a los pies
cuando el timbre imperial resonaba en las salas siempre
                                    anchas y altas;
       tono de voz como secreto de Estado.

(¿Puede un poderoso fallar en la nota de la palabra
                                    esencial,
       falsete huidizo en el instante exacto
en que el auditorio aguarda firmeza y fuerza?
¿Puede la orden a la que falta la voz cumplirse
                sin risa y correctamente?)

Voz, entonces, guardada en el palacio-búnker durante décadas;
pero he ahí que la radio pone la voz del emperador en

cada casa,
de Tokio a Kioto y en las muchas islas.

En el peor momento llega la gran voz a los pequeños

espacios.
No obstante, sí, el emperador usó el japonés clásico;
por eso pocos lo entendieron. Arte primero y

último,
este, el de hablar de la derrota de forma firme

y muda.

19. La tragedia de Frank Lloyd Wright — lo saben los pastores, lo saben los arquitectos

15 de agosto de 1914, la guerra, en algún lugar anunciada
    en el vasto territorio del mundo;
                y en Taliesin,
en Wisconsin, día caluroso y seco.

Frank Lloyd Wright en Chicago, su nueva compañera
              en la casa de Taleisin.
Un empleado despedido enloquece:
mata a Borthwick, compañera de Wright,
          y a sus hijos.
    Incendia la casa.
Mata con un hacha a quien huye del fuego.

Regresa de Chicago ese mismo día: Frank Lloyd
             Wright, el arquitecto.

Reconstruye la casa que un nuevo fuego años después
          nuevamente derrumba.

Los fuegos son así: regresan
como animal de buena memoria
y mala índole.
Usó la casa mártir como abrigo y laboratorio
de proyectos de vanguardia;
los alumnos en la casa de Taliesin experimentaban
lo que en otros lados no era posible,
y ella fue creciendo otra vez:
una arquitectura terca hecha a la fuerza
por encima del dolor privado y de la ruina.

Lo saben los pastores, lo saben los arquitectos:
el fuego enseña un nuevo camino a las cabras,
el fuego enseña un nuevo camino a
las casas.

20. La sobrina, Geli Raubal

Sonriente en las fotografías, la sobrina de Hitler,
                              Geli Raubal.
Quizás una obsesión: él no la soltaba; Geli
lo llamaba tío Alf, ambos siempre muy
                    cercanos.

1929, Geli Raubal, 21 años, se muda a
                    Múnich,
a la casa de Hitler. Abandonó la universidad
          para estudiar modos de convertir la voz en canto;
el do-re-mi despoja de información al lenguaje
          y lo vuelve encantamiento
                    antiguo.
Ya no interesa lo que dices, sino el tono y la
                                        distancia
en relación al parloteo frecuente del domicilio y de la
                              polis.

Presente en 1927, en el terrible mitin de
                              Núremberg,
Geli habría aprovechado las lecciones de voz
para gritar palabras en pose de peligro y amenaza.
Todo comienza por el verbo,
no hay bien ni mal sin la primera
                    palabra.
Si el diablo hizo el mundo, también comenzó así, por el
                                   verbo.
Quien canta sale por un instante de la ciudad y de la casa,
y regresa en forma de sonido al inicio del bosque;
un salto de altura de la palabra en relación
                    al suelo.

18 de septiembre de 1931, 23 años, Geli Raubal
se suicida en Múnich, en el apartamento de Hitler.
Sin una carta, una señal, y quizás entonces todo fue destruido
por la máquina de poner higiene y brillo
                         encima de los vestigios.

Hitler conservó un busto de la cabeza de Geli Raubal;
hizo del cuarto un templo de homenaje,
           inmóvil en los días y con las sábanas en su sitio.

21. El reactor atómico de Enrico Fermi

Universidad de Chicago, Enrico Fermi, italiano,
el U-235 se convierte en la nueva alquimia de la muerte, 1942.

22.

Sale energía del átomo como del vasto mundo,
del uranio sale violenta la explosión cuando se
divide.
Nunca lo más pequeño amenazó tanto el ancho
mundo.

23.

Miremos la máquina como se mira un mapa.
Una batería atómica contiene en sí misma una pequeña pieza
diseñada
por divino moderador, pues vuelve más lento
al nervioso neutrón.
Como si en medio del alborozo y la batalla
un sujeto hecho de algoritmo y metal,

pero con voluntad propia,
susurrase, en su modo callado de funcionar,
un mandamiento de prudencia y sosiego.
Imaginar a Dios como una pieza mínima
que en medio de la excitación del mundo
enfría y calma.
Una hipótesis, pero lateral.

Hay también en el primer reactor atómico
una barra de emergencia:
una pieza metálica que funciona como puerta de salida
súbita
de sustancias con exceso de concentración,
velocidad o devaneo.
Un exceso de locura, he aquí lo que se intenta impedir
en pleno centro de un material tan bélico
— y tal cosa es extraña.
Es un particular exceso del exceso lo que se
teme.
Exceso que es ya, de entrada, estar enfermo de rutinas
— tener demasiados gestos y hábitos para el poco tiempo
de funcionamiento o de vida.

Con el calor, el metal demente enloquece enseguida
como cualquier *boss* con demasiado humo en la cabeza.
Barra de emergencia en el reactor atómico

y en la existencia media de un ciudadano,
he aquí lo que exigen humanistas y técnicos habituados
                    a la destrucción perfeccionada al milímetro.
No solo los humanos enloquecen
                    de los ojos hacia adentro,
también el material de esta nueva artesanía técnica
tiene propensión al delirio peligroso.
Una pieza psicópata no es rara; se habla de desastre
                    y avería
aunque quizás, quién sabe, sea pura intención de boicot
                    y trampa de la materia astuta.
De ahí las piezas de moderación, emergencia y salvación
en el primer reactor atómico de 1942,
                    de Enrico Fermi.

24.
Fugitivo de los decretos antisemitas de la bala directa
                    de Mussolini,
y con su mujer Laura, judía,
llegó Enrico Fermi hace tiempo a Nueva York
                    y después a Chicago,
    mucho antes de 1942.

Más tarde, años 50, entre estadística y
                    probabilidad,
la paradoja de Fermi:

no es posible que existan ciudades extraterrestres,
                                asegura Enrico.
Tan poca evidencia para tan alta probabilidad,
                                explica.
Una contradicción evidente, dice.
Paradoja también conocida como el «gran
                                silencio»
o el «silencio del universo».

Si está callado, es porque tiene un terrible secreto,
o entonces definitivamente el universo mudo nada
                        tiene para decirnos.

25.
Ahí está Enrico Fermi, en 1942,
el muy noble científico italiano;
mucho antes de la violencia que vino después.
Noche, uranio en la cabeza, whisky en la mesa y ahora
                                en la mano,
dos pasos en casa sin ninguna energía;
una energía muy por debajo de la media humana,
cuanto más de la energía que se programa
en el piso secreto de la historia mundial de las explosiones.

Sensación en Enrico de que en el fondo, en poco tiempo,
                    el horizonte va a calentarse.

Una explosión, imagina Enrico,
capaz de colocar la línea del horizonte más arriba
como quien cambia lo precioso al estante más
                        cercano del cielo y del techo:
para que ninguna maldad superior dañe
  uno de los más antiguos espejismos humanos.
Que se destruya lo concreto, nunca la alucinación.

El Proyecto Manhattan está firme y tiene un
                        blanco,
pero Enrico Fermi tiembla agitado.
Whisky en la mano, uranio en la cabeza y el papel.
La explosión que se avecina, piensa Enrico, exigirá de lo
                        humano
una nueva y triste forma de cerrar los ojos.

Pero es tarde, y Enrico se prepara, también él,
                        para dormir.

26. Memorias de Arthur & Marilyn

Marilyn Monroe, Arthur Miller, están ahí felices,
            julio de 1956.
Dos sonrisas simétricas,
Arthur sonríe un poco más alto con su pipa,
mientras Marilyn asegura con su brazo izquierdo
      el brazo derecho de Arthur.
Más tarde él dirá:
alrededor de mucha luz, una sombra.
Sin embargo, al final, diluida en lo oscuro,
      la luz perdió por mucho.

Durante el matrimonio Miller escribió
Los inadaptados (The Misfits), guion.
Se divorciaron en México, 20 de enero de 1961.
Con su exsuegro, Isadore Miller, padre de Arthur,
a quien Marilyn también llamaba padre;
          conservó la amistad.
Marilyn fue con él a la fiesta de cumpleaños del

presidente John F. Kennedy
en mayo de 1962.

5 de agosto de 1962,
Fifth Helena Drive, en Brentwood.
Sobredosis, barbitúricos,
la muerte un poquito más arriba
que la vida.
Suicidio así: una caída sin piso.
Pastillas: una, dos, muchas. Bastaron.

En ese día 5 de agosto: llamada telefónica
de Isadore Miller sin respuesta.
Marilyn del otro lado no atiende,
no atiende, no atiende.

27. Tito, presidente de Yugoslavia — mapa y colores

Reloj de plata, mano izquierda volteada hacia arriba;
cigarrillo o pipa, la forma tranquila del poder, Tito,
presidente de Yugoslavia, 1953, dice «casa» frente a un mapa,
un país visto así, desde arriba y portátil,
vuelto miniatura. Donde está la despensa,
el lugar donde se come o trabaja;
    cocina, sala, baño, dos cuartos,
he aquí cómo el emperador ve su imperio; una casa
                    amplia
que el gran propietario alquila por décadas a un pobre
                    pueblo inquilino.

Pero existen incluso los espacios secretos donde la fea basura
es arrojada debajo del pavimento,
    para no ser vista.
Quizás si Tito levantase el mapa
vería lo que él mismo ordenó ocultar
    para no verlo ni él mismo.

Ninguna tierra tiene escotillas naturales; sólo la pala,
la máquina y la política la excavan
al ritmo necesario.

¿De cuántos escondrijos precisa un país?
Valor a tener en cuenta, entre embajadores que susurran
verbos blandos
y verdaderos tanques que amenazan plomo y avance.

En Europa, a medio camino entre un siglo y el
siguiente,
una y otra frontera señaladas con rojo fuerte.
¿Puede el color de un trazo en un mapa influir en la vida
de los habitantes concretos de ese espacio?
Como si la vida fuese efecto directo
de la inclinación de los colores de una pintura abstracta.

Casa, repite Tito, como si hablara de la casa de los padres:
dedo en el centro del mapa de Yugoslavia
en movimiento circular a dos centímetros del contacto.

En el imaginario de la mano, que aunque regordeta también
imagina,
el dedo que toca en el mapa queda manchado de tierra
como si, al final, tocase en el viejo suelo a defender.
Dedo demente no cuida a la gente.

28. Cines 3D, 1951

Los cines en 3D encantan en 1951 a espectadores
londinenses
con largos abrigos castaños casi hasta los
tobillos
y gafas prestadas demasiado anchas
para ver más verdadero lo que por naturaleza es falso.
Ninguna imagen tiene dimensiones reales y hasta la
realidad engaña:
lo que parece pesado el tiempo lo vuelve leve,
y lo leve que flota en el aire a veces cae sobre la cabeza
y mata.

29. El muro de Berlín

Noche del 13 de agosto de 1961, la construcción del
        Muro del Berlín, una sorpresa.

Noche larga que se extiende por muchos metros
        y después décadas,
  una noche de ideología y hormigón básico.

Brazo izquierdo separado del derecho, hablamos del muro,
        un cuerpo a medias,
cojo y manco — y con menos de la mitad del cerebro
     en funcionamiento ;
pues, cortado en dos, lo que era uno queda de inmediato
       en menos de medio.
Nada en los organismos o en las ciudades funciona como en la
       matemática de los ingenuos;
todo es perfectamente asimétrico e imprevisto, hasta
      en Berlín.

Dos mitades enteras desconectadas como en el mito
de Platón
que, cuando finalmente se encuentran,
juntas, forman un solo sujeto,
amorosamente y para siempre—
así se podría describir, en tono ingenuo de
cuento de hadas,
el día 9 de noviembre de 1989, día de la
caída involuntaria del muro—
la voluntad fue toda de lo humano, no de la ingeniería.

Pero regresemos al 13 de agosto de 1961:
operarios avanzan en secreto, cada uno en su parte
del muro.
Quien actúa en su metro y medio por cuatro de
altura
no podrá entender los muchos kilómetros iguales
alrededor.
Un fordismo en cabeza errada: cada uno con igual
tarea
pero sin noción de la larga máquina vertical instalada;
una simple máquina para separar que funciona
así:
sin motor ni parada.
No ves ni avanzas: barrera para piernas y visión, el
muro.

Números de una brutal represa para humanos;
sólidos ciudadanos situados ahora en un lado del espacio,
                              como árboles;
nada de agua ansiosa por camino y circulación,
todo es humano y numérico. Aquí van, pues, hechos y números:
66,5 km de enrejado metálico y
trescientas y exactas dos torres de observación.

(La construcción se hace vertical y alta, ya se sabe,
desde arriba, casi desde el cielo, se apunta mejor.
        «Orden 101»: disparar a matar.
Quien humano intenta atravesar,
humano pero muerto queda en medio,
                        entre los dos lados,
como si quieto, en definitivo todavía, así vacilase.)

También, para señalar, 127 cercas metálicas
                                electrificadas
con esa electricidad que provoca en el cuerpo un
                              súbito temblor
y una mínima luz última en el corazón de los creyentes.

Y además un siniestro sonido de alarma
hecho por cualquier compositor obsesivo—
canción monocorde de peligro y amenaza.

(Imaginar un mundo sin ninguna música, solo con
                    sirenas de alarma
para instalar el cuidadito y el chitón obediente
                              en el otrora tranquilo ciudadano;
          pesadilla política y sonora.)

Y además 255 pistas «para feroces perros guardianes».

Pero no se trata de mercancía, víveres y
                    máquinas modernillas,
el contrabando decisivo no tiene longitud,
              anchura o peso.

El muro de Berlín no deja pasar nada
                    material,
excepto, muy en lo alto, aviones con interna
                        publicidad simplona
y un polvo puro llevado por la brisa pura que anuncia,
en el éter que se aloja junto a los oídos de la parte este,
          la televisión casi a color
y una democracia en más o menos buenas
                        condiciones materiales.

Un polvo repleto de *bits*, he aquí el ilustre polvo de las décadas
                    sesenta y setenta
en la ciudad partida en dos de Berlín.

No se trata de bombardear físicamente la base,
sino de instalar en ella la duda, y en el centro
                    cierta esperanza.

Ni las pantallas para ver el verdadero color de lo blanco son
                                        decisivas;
como los fantasmas de las películas serie B,
los *bits* con información libre y sin localización en el
                                espacio
atravesaban el alto y muy compacto muro de Berlín
como si el alto y muy compacto muro de Berlín
fuese, a fin de cuentas, bajo, y poco o nada firme.

Los *bits* en el suelo avanzan como tanques y en el aire como
                                aviones
pero no pueden ser abatidos por la puntería material
                            y terrestre.
Solo cerrando ojos y oídos se evita el sonido
—sin espacio ni recipiente— que inquieta e
                        informa.
¿Será posible que la información llegue también a través del tacto
y no solo en el sonido y la imagen?
La respuesta es sí: el temblor que mueve la tierra
                    debajo de los pies
    es un buen ejemplo de esto:
no necesitas de una frase o pantalla para entender

que la tierra te hace temblar y mucho
te amenaza.

Pero sí: el 9 de noviembre de 1989
la tierra entera en Berlín tiembla, y cambia de posición por
algún tiempo.

Pero todo lo que cambia en poco tiempo cambiará de
nuevo.
La Historia enseña y la actualidad muestra:
ningún suelo sin muro permanecerá así para siempre.

30. El juicio del joven nazi, 2020

Campo de concentración de Stutthof,
cerca de la ciudad polaca de Gdansk, 1944, 1945.

Después, julio de 2020. Hechos.
Camisa blanca. Cinturón apretado.
Cometió los crímenes a los 17 años.
Juzgado en el Tribunal de Menores, en Hamburgo,
Alemania, ahora con 93 años.
Condenado a dos años de cárcel con pena suspendida;
    complicidad en 5 mil homicidios.

Silla de ruedas, 93 años, alguien lo ayuda
                        a moverse
(lento también por el contexto).
No se puede infiltrar felicidad de paseo
                        en un tribunal
— entre los sitios inmóviles, el más inmóvil de los
                        sitios.

Un funcionario empujando la silla de ruedas
como una carretilla en las obras.
Pero esta es ahora una carretilla habitada,
una carga, no de cemento, sino de historia potente,
un peso humano castigado por la enfermedad
y hoy por la ley que desorientada se atrasó setenta
años
alrededor de un bosque hecho de pruebas y memorias.

    Pero hoy es el día.
Testimonios humanos y decisivos llegados desde Francia,
Israel, Polonia y Estados Unidos contra el joven SS
    Bruno D, 1944-45, 17 años,
llegan ahora de lleno: 2020, 23 de julio,
    al viejo Bruno D., 93 años.

Tres botones de puño consecutivos bien dispuestos,
reloj plateado y manos que ya son más mapa que
carne.
Incluso venas sobresalientes que pueden, vistas desde arriba,
representar
caminos de agua o de líquidos más rojos
    adecuados a la narrativa y a los testimonios
que oscilan entre la memoria de la bala concreta,
    que individualmente amenazaba con matar,

y el fuego de la fábrica colectiva creada para hacer desaparecer
el cuerpo en el aire.

Caminos por aquel entonces domésticos y breves en la mano de Bruno D.,
donde quizás circulen substancias como culpa y
disculpa,
olvido y vileza;
circulación misteriosa que ningún estudio de la ciencia
ha desentrañado todavía. No es posible que manos tan
viejas
no ayuden a la cabeza de lo humano a decidir y a
pensar.
Por las manos circulan ciertos hechos y recelos y
ningún interrogatorio está terminado
antes de la clásica lectura de las palmas y de los dedos.
Falanges, falanginas y falangetas testifican como
pueden,
pero no tiemblan ni un milímetro.

Nada de movimiento tenue o cuerpo en añicos,
firmes son las manos que a la entrada del tribunal
aseguran frente al rostro un dosier azul
con la neutra palabra «hechos» escrita a un lado.

Pero no se tapa el rostro con hechos azules, imposible
eso.

Nada en el mundo de los malos campos de la muerte
    tiene o tuvo alguna vez ese color
(solo el cielo encima —y muy encima estaba ese cielo,
tan encima que en términos de color casi no cuenta,
                en Stutthof, y no solo).

23 de julio de 2020, Bruno D., 93 años.
Los jueces de pie, togas negras, el procurador habla,
el acusado sentado, el dosier azul siempre frente al
                rostro.

Vemos viejas manos todavía firmes y un anillo con brillo
    valioso y amarillo en la mano derecha.
Como en un carnaval morboso e indecente,
            no se ve la cara de Bruno D.
Manos rodean el rostro todo azul, un azul casi Klein,
                    rectangular,
    azul de vergüenza tal vez;
el color del dosier, con código de barras bien visible
                en la parte inferior.
Una marca industrial que deja, en el individuo,
    ese anonimato que las cosas muy iguales instalan.

¿Cómo puede ser culpable quien es exactamente igual
                a quien está a su lado
y cómo puede un objeto industrial ser juzgado?

Todo objeto es inocente desde el inicio hasta el fin de los
hechos.

Podía, es cierto, haber traído —el antiguo SS—
una máscara de Venecia, hecha de algún peso y
extrañeza,
o aparecido mal encarado o con cara de lobo feroz
para que no quedase ninguna duda sobre su papel
en la fábula fúnebre de 1945
en el campo de concentración nazi de Stutthof.
Pero en vez del rostro fiero y cubierto de verrugas,
con apoyo de dos diablos, uno a cada lado,
vino un viejo hombre en silla de ruedas
con un archivador abierto y vacío
como si los 90 años ya nada tuvieran que esconder
y ya nada pudiesen guardar.

Pero, reparemos, el asunto es otro.
No se trata de apuntar en el almacén lo que está a la vista
y existe.
Es el absoluto y duro revés.
Son ítems desaparecidos de las casas y de las sillas
y de su lado de la cama; son desapariciones humanas.

No son meros robos de material ya usado
o por usar.

Ítems con lenguaje, deseo y nombre propio
desaparecieron un día, y al otro día
      y al día siguiente,
    y no regresaron.

Pero el violento espacio vacío exhibe ese vestigio
    que son lo vivos que quedaron alrededor,
y son esos lo que en coro dicen,
apuntando hacia el viejo en la silla de ruedas:
    culpable, culpable, culpable.

Pero, sí, ya no hay tiempo para que la culpa
      haga su camino a pie.
    Tiene que ser empujada.

31. Nietzsche en el manicomio

Nietzsche estuvo en su momento alojado en un manicomio.
Escribió una entre muchas cartas: la mano al ritmo aéreo,
    suspendida algunos segundos encima de la hoja;
mano vaga y distraída y en seguida frenética y
                feroz, letra lenta o alucinada.
En esa carta dice que habría preferido ser profesor en
                Basilea
    a ser Dios.
Dice además: opté por ser Dios;
    no podía ser tan egoísta, tenía que crear el mundo.
      Pero sí: Nietzsche demente dice:
preferiría haber sido profesor en Basilea
                a ser Dios.

32.

Manicomios, en los siglos XIX y XX, obligaban a
                        gente urbana
a cuidar de una huerta fulera y falsa

y los antes acelerados quedaban en poco tiempo en
          rotación vacía
  en torno del cero y de la nada.
En el siglo XXI substituyeron las huertas fuleras y
        falsas
por verdaderas y verdes lechugas, y otros productos
       coloreados de la tierra;
pero en el centro de la sala de estar, en lugar de la
          chimenea,
todavía están allí, soberanos, el cero y la nada,
para que con ellos, los dementes apaciguados y lentos,
      se entretengan.

33.

Una historia de la locura hecha por locos
se vuelve ilegible para lúcidos de lectura con el dedo en la línea
y la cabeza atenta a una cierta forma estable de pensar.

Nada es equivalente al trabajo mental en el medio
       alucinado.
Esquirlas convertidas en frases cubren corredores blancos
de manicomios habituados a curar bien antes de
         entender.
Los grafitis de los locos perturban la más blindada
      de las constituciones.

34

Una historia de los locos escrita por los cuerdos
es el falso paso de una lengua sin traducción
                              posible
a otra lengua, doméstica y legal.

35.

Una lucidez en estado de ahogamiento levanta una mano
                                        última
pidiendo otra mano concreta y ningún
                         consejo.
Quien se está ahogando prescinde de paternalismo y
                                   verbo.
Frente al loco y la impaciencia
debe permanecer firme y tranquilo el enfermero
habituado a los pies que golpean muy nerviosos
     en el mismo suelo quieto.

36.

Una vez, cerca de Londres, en 1962, huyeron
   del manicomio dos dementes tranquilos.
Buscados por la medicina y por sirenas discretas,
encontraron refugio, una semana y media,
en medio de los animales mansos de una granja.
     Más tarde, en declaración,
anotada con dos dedos por una dactilógrafa oficial,

declararon que habían encontrado una paz rara
entre animales sin ningún poder ni juicio. Desde entonces,
en hospitales donde nada en los pacientes está roto,
         salvo lo invisible, y allá adentro,
gallinas, vacas y otros animales de porte medio, perros
y pájaros habituados al sosiego interior de las casas
son alojados en anexos, a tres, cuatro pasos
de la medicina de las pastillas y los cuidados técnicos;
mezcla de terapia nueva con cuidados de abuela
y calor casi primitivo de paciente mamífero.

37.
Imagino guarderías de vanguardia mental
preguntando con serenidad a los niños de seis años
qué desean ser cuando en vez de seis tengan veinte.
Y entre futuros bomberos, astronautas y jefes
                 generales de la invasión del mundo,
un sujeto tímido levanta el brazo y el dedo, y dice,
sin tono firme ni dominio gramatical:
      Quiero ser Dios. ¿Puedo?

En ciertas escuelas querer ser Dios será deseo
                       castigado
con reglazos y enseñanza general de la modestia diaria.
Pero en alguna otra tal diatriba o deseo será
                    incentivado;
lo mínimo ser Dios, dirán algunos profesores de

Basilea

a los niños más prometedores y fuertes.

Lo mínimo, lo mínimo, lo mínimo.

38. Las botas de Mussolini

Pidió puntería para un punto del pecho,
no arruinen mi perfil, habrá dicho Mussolini.
El rostro, la parte del cuerpo que, en el último instante,
        reclama protección y abrigo.

39.

No valoremos solo la cabeza.
Mario Bertulli, zapatero, artesano de los pies —
los dos apoyos constantes en el mundo.
En el siglo XXI hace a mano, con arte, plantillas sutiles
que ponen más alto lo que siempre fue más bajo.
Hijo de Domenico Bertulli, zapatero también.

Mario, hijo, cuenta que Domenico, padre, hizo las botas
        que Mussolini calzaba el día de su ejecución.

40.

Las botas del humano colgado suben de altura

y en el horizonte ganan un perverso protagonismo.

41.

1,69 metros de estatura, un 41 de pie, él.

Ella, Claretta Petacci, podría haber huido en el último
momento,

pero quiso quedarse al lado de su compañero hasta el final.

No todos los gestos nobles son realizados por los
nobles.

Y el mundo moral no está organizado con la clara
exactitud deseada.

42.

Terrible imagen de la terrible historia: Mussolini y su
compañera, Claretta Petacci,

colgados boca abajo en una gasolinera,

con bandera morbosa izada para balancearse
sobre el nuevo aire de Europa,

29 de abril de 1945.

El día anterior habían sido asesinados; pero la muerte
en ese día no basta,

era necesario mostrar a los nuevos vivos el muerto
principal.

Banderas así llenan de combustible el aire
que existe

entre una década y otra, un siglo
y el siguiente. Difícil ver en lo grotesco un punto final.
El aire entre siglos se mueve con motor mudo
pero buena memoria.

Y de Antonio también se podría hablar. Un muchacho
de la Resistencia que se quedó con las últimas botas
de Mussolini
y las guardó hasta hoy en un modesto cajón
de una pequeña provincia italiana.
¿Qué hacen quietas hace tanto las últimas botas
de Mussolini?;
¿qué esperan y planean ellas
y qué nuevos pies van a calzar sin rozar
atrás, a un lado o en la punta?

¿Qué ocurre en el movimiento de los astros y la
Historia
cuando el fin, en el último momento,
todavía lanza hacia adelante
objetos e ideas y los esconde en cajones
con la potencia de un volcán paciente
que parece callado y quieto para la eternidad,
pero no lo está, no lo es y no lo será?

43.
Parece que Mussolini se quedó allí, en el poste, colgado.

Pero la fotografía fija es apenas la forma exterior de un
hecho.
No es una máquina de entender sino apenas de
mostrar.
Y un cuerpo no puede balancearse suspendido para siempre,
es de la ley de las cosas sólidas;
el ruido que hace un cuerpo al caer cae depende de la
altura y de su peso,
pero también de su narrativa.
La Historia hace un cierto sonido cuando llega de lo alto
y cae de golpe contra el suelo.

En 2020, aquí y allí, la Tierra se calienta un poco,
y ciertos sonidos venidos del fondo son para el oído atento
un modesto anuncio de una nueva turbulencia
antigua.

El buen estudio de la buena Historia en parte es esto:
una forma de entrenar el oído y también los ojos
para los acontecimientos vistos o relatados
en la casa de al lado o en el noticiero de las ocho.
Hay un segundo sonido debajo del sonido de cada cosa
y es ese segundo sonido, sin duda, el sonido verdadero.

Y sí, como el agua un instante antes de hervir,
las botas de Mussolini emiten sonido y ansiedad.
No están mudas ni están quietas.

ÍNDICE

Sobre la traductora

LAUREN MENDINUETA (Barranquilla, Colombia, 1977), está considerada una de las poetas más importantes de su generación en Hispanoamérica. Su poesía aborda con rigor expresivo y profundidad conceptual los temas de la muerte, el amor, la soledad y el tiempo.

Con doce libros publicados (poesía, ensayo y biografía), su obra ha sido traducida y editada en Colombia, México, España, Perú, Argentina, Italia, Francia y Portugal. En Colombia ganó tres premios nacionales de poesía, el Premio del Festival de Poesía de Medellín, y el Premio Nacional de Ensayo y Crítica de Arte del Ministerio de Cultura.

Además, ha obtenido en España los premios internacionales Martín García Ramos por *La vocación suspendida* (DIFÁCIL, 2022), y el César Simón por *Del tiempo, un paso* (DIFÁCIL, 2024).

Mendinueta es traductora de autores portugueses como Fernando Pessoa, Ana Luísa Amaral, Gonçalo M. Tavares y Nuno Júdice.

Su libro más reciente *Un hueso casi invisible* (DIFÁCIL, 2025), también fue publicado en Portugal, México y Perú.

Actualmente dirige en nuestra editorial la colección de poesía «El sueño de Europa», organiza varios festivales literarios de referencia en Portugal y enseña en la Maestría en Escrituras Creativas de la Universidad Nacional de Colombia.